나도 썼어 너도 써 봐

나도 썼어 너도 써 봐

장용 시집

마음시회

시인의 말

늘 '이보다 더 재미있는 이야기 없을까?', '사람을 웃기는 신선한 뭐가 없을까?' 하는 생각들 속에 빠져 살아왔습니다. 41년 동안 방송 하고, 수많은 무대를 진행하면서 느껴왔던 답답함을 돌확에 넣고 갈고 찧었습니다. 생각이 고소해지기 시작했습니다. 어느 날, 가슴까지 내려온 한줄시를 무작정 썼습니다.

<B급 시인>
시면 어떻고
시가 아니면 어때
난 시시하지 않아

2021년 3월 1일부터 2024년 8월 10일까지 페이스북에 한줄시를 올렸습니다. 따뜻한 관심으로 많은 댓글을 달아주신 페이스북 친구분들께 고마움을 느낍니다. 지금 이 책을 읽고 있는 당신에게도 감사드립니다. 여러분도 써보시면서 저와 같이 듬쑥하기를 꿈꾸어 봅니다.

2024. 가을
장용 두손모아

contents

제1장
이별_별이 두 개

다행이다 12
질문 14
불현듯 16
낭만 18
거짓말 19
엄마 꽃 20
납골당 21
이별 22
모기 24
삶 25
사랑 26
안부1 28
안부2 29
안부3 30
분수 32
인생 33
귀한 사람 34
북성포구 36
모르는 게 약 38
엄마 40
아내의 설교 41
허풍쟁이 42
젓가락 44
철학 45
인생길 46

제2장
술값까지 빌리긴 싫었는데

다스림 52
마음빼기 54
늘 엄마 55
해녀 56
가출 58
젠장2_세상은 자꾸 59
젠장3_친구 60
젠장4_욕심 61
젠장6_수도꼭지 62
젠장7_코로나 63
젠장8-나 64
젠장9_소 65
엄마 무릎 66
숨비 68
포장마차 70
카드 72
심부름 73
그리움 74
바람소리 75
세월 76
이등 78
마늘 79
부탁 80
책 읽기 81
하루살이 82

제3장
내가 만만하다고?

꼰대 88
라면 90
혼자 91
엄마 주름 92
아들 93
맛있다 94
산소 96
꿈에 97
술 98
소주병 99
엄지 100
윤여정 102
책상 103
눈물 104
독서 106
남편의 노래 108
명태 109
택배기사 110
숟가락 112
아들 결혼식 113
술안주 114
감기 115
무인도 116
유권자 117
커피 118

제4장
옆에 내가 있잖아

전진 124
검룡소 126
시발 127
내 생일 128
만우절 129
안개비 130
과언1 132
과언2 134
의리 135
남자는 136
자수 138
혀 139
삼계절 140
들통 141
영면 142
책 144
변명 146
변 147
나이2 148
연필 149
시간 150
손톱깎이 152
희생양 153
외로움 154
내일 156

별이 두 개, 하나씩 더 반짝일 거야

제1장

이별_별이 두 개

다행이다

아침이네요
어제의 한숨이
흔적도 없네요
다행이네요

읽자마자 상쾌해지네요. 원덕규
덕분에 상쾌해졌습니다~.^^ 황철용
노벨문학상 시부분 후보작. 이해정
아침이 지우개인가 봅니다~^^. 유사랑

질문

혹시
행복이라고 아시나요?
글쎄요,
저도 초행길이라서

도착하시면 길을 좀 알려주세요. 배주연
다 왔어요. 쫌만 더 가면 되요~. 정진오
알아요, 행복. 행복하면 자연스레 행복해지죠. 유사랑
그 길 빨리 다녀와 내게도 알려주시게. 박한섭
늘 옆에 있었대요. 노화정

불현듯

불 켠 듯
네가 생각났어
잘 있지?

보고 싶어. 이렇게 보낼까요? 윤영아
나두. 엉아 생각났는데 불 켠 듯. 임경환
불 끄고 잡니다. 정인규

낭만

낭만을
낭비로 생각한다면
인생은 가뭄

낭만을
낭비로 생각한다면
인생은 가뭄

아항~ 그래서 제 인생이 항상 홍수였군요 ㅋㅋ. 노승희
낭만적인 시네요. 손혜영
낭만은 삶의 꿀물. 심현빈
낭만에 대하여 이보다 더 간결한 정의가 있을까요? 유정숙

거짓말

난 괜찮다
엄마의 거짓말에
속은 아들은 울었다

난 괜찮다
엄마의 거짓말에
속은 아들은 울었다

그래요, 난 괜찮다. 울리는 단어입니다. 김성수
지금도 계속 속이는 중. 정용
엄마도 울었다. 박철민
그 거짓말을 아는 데까지 참 많은 세월이 필요하죠. 정인규
그 아들이 너무 어렸었군요. 이태연
그 맘은 저도 잘 알죠. 어머니가 누워 계신 지 3년이라
안 아프다는. 순 거짓뿌렁 이더라구요.ㅠㅠ 최인철

엄마꽃

운동화도 샀다
졸업장도 땄다
엄마가 따온 석화

운동화도 샀다
졸업장도 땄다
엄마가 따온 석화

엄마가 따온 석화는 운동화도 되고 졸업장도 되고... 찡하네요. 유사랑
졸업을 해서 운동화와 석화가 선물로 온 거 아닌가요? 전범진
절제된 은유의 메타포! 정갑수
엄마의 수고... 울림이 있는 글입니다 박진원
멋진 글에서 요즘 굴철... 아련한 감정이 솟아나네요 서주선

납골당

좁진 않으세요?
저, 넓은집 샀어요.
몰래 우는 불초.

좁진 않으세요?
저, 넓은 집 샀어요
몰래 우는 불초

공감이 되는군요. 이재송
친정엄마는 넓은 곳으로... 망망대해로.... 정기애
아부지 옆자리가 비어 있는데
빨리 채워드리기 싫습니다 아부지. 정용
간결 속에 진한 속마음. 김경종
가슴 뭉클해요. 신영희

이별

별이 두 개
하나씩
더 반짝일 거야

별이 두 개
하나씩
더 반짝일 거야

이별은 또 다른 시작,
슬퍼하거나 노하지 말자. 이해정
이거 촌철살인이네요~. 김재국
이 시. 참 좋아요. 김정일

모기

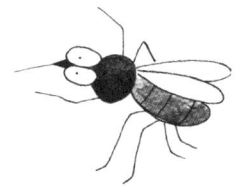

> 모기야
> 너의 경력에
> 나를 넣지 마

모기야
너의 경력에
나를 넣지 마

경력에 넣은 녀석은 이미 죽었습니다. 장민준
빨대 들고 다니는 모기 같은 사람, 만나지 않게 되시길요~. 최현
모기야, 나한테 빠래 꽂지 마. ㅋㅋ 김린영
파리야 내 밥에 발 담그지 마라. 방용석
파리에 비하면 그래도 넌 수줍은 양반. 이문웅

삶

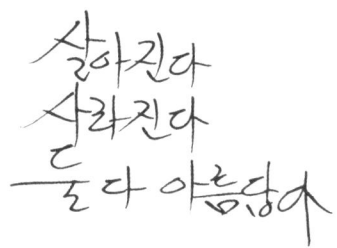

살아진다
사라진다
둘 다 아름답다

삶아진다 사라진다. 정용
삶이란 만년필로 꾹꾹 눌러
써내려가는 주관식 답안지. 이태연

사랑

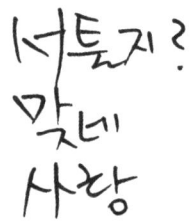

서툴지?
맞네
사랑

영원히 서툴 거야. 박철민
능숙하면 비즈니스지요. 이태연
사랑 찾는 당신은 욕심쟁이 후후훗~. 정의민
선수가 될 때까지 해야돼? 서툰 것 보물처럼 남겨놓자.^^ 김민주
배가 불러야 사랑도 있음. 이해정
선수지? 아니네. 사랑. 정인규
사랑 안 할래요 ㅋㅋ. 노화정

안부1

묻는 안부가
숨겨둔 아픔을
엿보네

묻는 안부가
숨겨둔 아픔을
엿보네

크... ㅠㅠ 술 한잔 생각나는 명언이십니다. 은광택
그리움의 질문일까요? 아님 그저~~ 잘 있지? 최연순
아파하다 잠시 쉬고, 안부의 손을 잡네!! 박철민

안부2

잘 있지
그럼
둘 다 건성

잘있지
그럼
둘 다 건성

가늘고 오래 버티는 게 잘 있는 거임. 이해정
피부도 건성은 안 좋아요. 최영미
건성 자주하면 습성으로 바뀜. 전용성
그래도… 가끔은 그런 건성도 힘이 될 때가 있지요. 이윤석

안부3

잘 지내?
나에게
안부를 묻는다

너는 어떠니? 남들에게 신경 쓰다 정작 나에겐.... **이현민**
자알 연말까지 왔어. **채길병**
이름하여 유체이탈. 이것도 자기수양의 좋은 방법 중 하나입니다. **전용성**
나에게 토닥토닥~. 올해도 잘 이겨낸 내가 대견대견~합니다. **최영미**

분수

분수는 안다
치솟았다가
내려오는 것을

분수는 안다
치솟았다가
내려오는 것을

분수만도 못한 인간들 때문에 분수가 못 내려와요,
분수도 모르는 인간들 꼴보기 싫어서! 문경숙
분수는 본다,
솟구치는 물살에 맺힌 모든 희망의 가치를! 박철민
산도 분수를 안다,
내려오기 위해 올라가는 사람의 마음을. 금보성

인생

꼭
사람은 살다가 죽나요?
아니
죽다가 살기도 해

꼭
사람은 살다가 죽나요?
아니
죽다가 살기도 해

나! 노태손
죽다가 살면 웬지 이득. ㅋ 정인규
그게 인생이지요. 송영관
누구나 다 갑니다.
그러나 돌아오는 사람은 없습니다. 장영규

귀한 사람

나는 지금 막
집에 들어왔다
나를 만나려고

귀가한 사람이군요. 정인규
처자식 만나러 온 거 아녀? 정해권
이글을 두 번 읽으니 한숨이 나오고,
세 번 읽으니 눈물이 나오네요. ㅠㅠ 남선우
휴식의 준말. 이훈

북성포구

노을 한 잔 하실래요
두 병을 마셔도
대리운전은
필요 없습니다

진짜 술 마십시당 대리기사님들을 위하여! 이승훈
매일매일 노을을 마실 수 있을까요?
마시는 건 모두 공짜. ㅎㅎ 김미경
대리운전 기사님 울겠어요. 방용석
노을의 단위가 '병'이로군요. 몰랐슴당. ㅋㅋㅋ 유사랑

모르는 게 약

상대의 진심을 알면 나만 아프다

상대의
진심을 알면
나만 아프다

제 진심은... 아프지 않으실 겁니다.. 신봉훈
상대가 그토록 아팠다니... 그걸 이제 알다니... 전창걸
모르는 게 약이지요. 곽동훈
그래서 인생 친구 하나 뿐이라도 성공이라는 말. 전용성
그럴 때 많아요. ㅠ 강지원

엄마

*거짓말로
사랑하는 방식은
엄마만 할 수 있다*

거짓말로
사랑하는 방식은
엄마만 할 수 있다

엄마는 모든 것이 진심이니까 그런 것 같습니다. **최현**
그 엄마의 거짓말은 위대하다. **박철민**
그래서 요즘은 하늘만 보고 삽니다. **노태손**

아내의 설교

신부님의 설교와는
다르다
아내의 설교에는
대답을 해야 한다

아내는 신이다. 전창걸
대답하면 일이 더 커짐. 명승권
아내는 하나님과 동기동창... 아내에게 잘하면 목생 석생 도생. 오제영
저희집은 반대여서 저도 네에... 합니다.
조금 억울할 땐 이잉~~ 하고 추태도 좀 떱니다~. 홍현주

허풍쟁이

오늘도 또
허풍을 떨었다
용아! 넌 할 수 있어!

우리 모두 허풍쟁이가 되어야겠어요. 백보옥
힘을 주는 글입니다. 박성하
그거 없이는 삶이 재미없죠. ㅋ 정관철
이 형은 허풍만 늘은 줄 알았는데 필체도 많이 늘었네. 신중찬

젓가락

똑같은 젓가락은
예쁘다
똑같은 세상은
안 예쁘다

예쁜 젓가락은 내 것이 아니고 예쁜 세상은 지금이 아니다~.^^ 정용
젓가락은 똑같지 않으면 불편하고, 세상은 똑같으면 불편하다.ㅋ 유사랑
공감을 넘어 동감입니다! 김봉준
이세상에 똑같은 젓가락 인생은 없다~.
저 젓가락 만드는 사람입니다.
다양한 젓가락 필요하시면 협찬하겠습니다.^^ 노태용

철학

밝은 생각을 찾는 것이 아니라
어두운 생각을 버리는 것이다

아멘— 할 뻔 했어요. 강지원
이젠 제가 철학과 나왔다고 말을 몬하겠네요~.ㅋ 정진오
역시 철학자 손手+도끼斤+입口 말 한 마디가
도끼처럼 날카롭네요. 哲學者. 이한수
철 들려고 배우는 학문. 김연주

인생길

꼬부랑길이네요
꼭대기 잠깐 보이더니
또 꼬부랑길이네요

맛이 있는 길. 박철민
꼬부랑길이 낭만 있고 볼 거 많아요~. 정의민
그치요, 한 길 사람 속도 모르겠네요. 곽도영
꼬부랑길을 걸어야 맛이 난다는~. 한창원

벌써 줬나 그았나

내 가슴에 또아리치고 있는 말들을……

제2장

술값까지 빌리긴 싫었는데

다스림

> 시를 읽으며
> 마음을 빗고
> 시를 지으며
> 마음을 빚어
> 단단해지길 빈다.

시를 읽으며
마음을 빗고
시를 지으며
마음을 빚어
단단해지길 빈다

조~오~타. 강진빈
마음을 빗으면 비단결이 되고, 마음을 빚으면 술이 되려나~. 신흥순
빗고 빚어 빛나세요. 박상문
도자기 같은 마음이 되겠죠. 정인규

마음 빼기

오해가
이해가 되려면
3을 빼야 한다

오해가
이해가 되려면
3을 빼야 한다

3을 빼겠습니다. 이현준
무릎 탁~! 이상탁
3은 이것이 아닐까요, 3척_ 난 척, 아는 척, 가진 척. 장현근
이해+이해 하면 사해와 같은 넓은 마음이 생깁니다. 김종성

늘 엄마

*우리 엄마는
아직도
나를 출산 중이다*

우리 엄마는
아직도
나를 출산 중이다

당신은 세상을 출산 중. 김종성
주다 주다 줄 것이 없어 애태우시는 세상 유일한 분, 엄마~~. 한창원
이 겁나는 해석. 박철민
죽기 전까지 자식은 부모의 어린 아기.
난 지금도 엄니한테 맞고 산다. 술 마시다 걸리고,
담배 피다 걸려서 맞으면 무진장 아픔. 이해정

해녀

마음이 전복돼도
엄마는
전복을 딴다

전복을 따다 보니 어느새 마음이 회복됐다. 이정민
아! 그렇지요! 전복되어 버린 맘 안고
전복 따는 심정은 오죽할까요. 문경숙
전 복이 많아요~.^^ 김종성

가출

*도덕이
나가더니
도둑이 되었다*

도덕이
나가더니
도둑이 되었다

명언입니다~. 유구무언! 유정숙
가출2_돈맛을 알더니 양심은 집 나가고 뻔뻔만 남아. 이문웅
도둑놈들이 떼거리로 덤비니 도덕이 견딜 수가 없겠네요. 안선형
어떤 분이 도둑 피하니까 강도 만났데요. ㅋㅋ 노태손

젠장2_세상은 자꾸

> 세상은 자꾸
> 두 손을 들게 한다
> 팔도 짧은데
> 젠장!

세상은 자꾸
두 손을 들게 한다
팔도 짧은데
젠장!

신발 깔창을 높게 까셩. ㅎㅎ 김재성
항복하지마 형. 최임수
잘못한 사람은 손 안 들고. ㅜㅜ 전범진
손이 세 개가 아닌 게 다행이죠~.^^ 김종성

젠장3_친구

친구에게 시간을 빌렸다
나 우는 것 좀 봐달라고
술값까지 빌리긴 싫었는데
젠장!

친구에겐 그래도 됩니다. 담에 반대로 하면 되니. 전석원
좋은 작전이군요. 우는 얼굴에 술값 내라 못하죠. ㅋ 유사랑
풍요 속에서는 친구들이 나를 알게 되고,
역경 속에서는 내가 친구들을 알게 된다. 오제영

젠장4_욕심

> 욕심을 버린다는 게
> 그만
> 희망을 버렸네
> 젠장!

욕심을 내린다는 게
그만
희망을 버렸네
젠장!

욕심도 버리지 마소. 서민한테는 욕심도 희망이니. 정관철
오마나~ 얼른 빨리 주우세요. 유정숙
ㅎㅎ 시 맞죠? 개그 대본 같아요. ㅋㅋ 깡남

젠장6_수도꼭지

톡 쳤는데
대성통곡을 하네
젠장!

톡 쳤는데
대성통곡을 하네
젠장!

그니까 살살 다루셔야지요~. 정진오
얼었던 수도꼭지가 터진규~. 김종성
하늘에서 꼭지 좀 틀어야 하는데, 소식은 없고.... 정인규

젠장7_코로나

약속을 지킨 매미는 울고
약속도 없이 온 코로나는
갈 생각이 없고,
젠장!

형~ 그냥 우리가 가자. 유경훈
더위는 짜증만 더 내고 예고도 없는 정전은 자꾸~. 곽창열
된장~ 제길스 코로나19. 이영오

젠장8_나

휴대폰 챙기고
차 키 챙기고
이런 나를 놓고 나왔네
젠장!

가끔 나를 내려놓고 오면 싸울 일도 없어집니다. 김성준
냉장고에 간이랑 쓸개도 두고 오셔야죠. 유세움
아~ 웃껴요 형님.^^ 이희찬
나 좀 챙겨 가이소~.^^ 신종택

젠장9_소

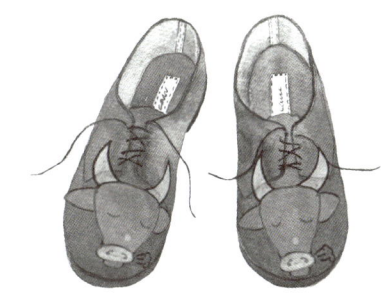

이승을 놓으면
편히 쉬겠지
구두가 되었네
젠장

생을 놓으면 편해질 수 있겠다 했건만
그 발자취를 남기는 족적의 수고를 감당해야 하다니,
갸륵한 너의 운명에 내 마음에 눈물방울 뚝뚝. 윤영아
가끔 걷다 보면 소리가 나곤 합니다, 움머~. 이정민
지갑이 되어서 하루에도 몇 번씩 허리가 접혔다 펴졌다 합니다. 정인규

엄마 무릎

시간이 삼킨
엄마의 무릎
지팡이도 짧아지네

시간이 삼킨
엄마의 무릎
지팡이도 짧아지네

그냥 세월에 닳은 거라면 좋겠네요. 정인규
키가 다시 작아지는 건 세월. 쉬앤비
시가 뿜어내는 힘인가요~. 순간 눈물이 핑하고 올라오네요~. 유정숙
짧아지는 지팡이만큼 엄마의 무릎수명도 짧아져서 맘이 아파요. 박정기

숨비

엄마는 숨을 참았다
아들은 큰숨 쉬라고

엄마는 숨을 참았다
아들은 큰 숨 쉬라고

엄마... 보고 싶다. 양범석
휘파람처럼 내뿜는다는 해녀들의 숨비소리~ 먹먹한 가을 아침입니다~. 유정숙
오늘 시는 눈물이 왈칵했습니다. 윤병욱
아들을 위한 들숨, 아들을 보살피기 위해 살기 위한 날숨. 김월용

포장마차

누가 봐도 서 있는데
앞뒤 없이 무지 달리네

누가 봐도 서 있는데
앞뒤 없이 무지 달리네

오! 이건 장원으로 과거급제 할 만한 수준이네!
누가 표절하기 전에 특허 등록해라.ㅋ 송석철
이거 좋네요 정말루~. 김재국
우리는 지하철로 달려요~. 정의민

카드

법인카드 잘 쓰면 범인 카드

법인카드
잘 쓰면
범인카드

잘못 써도 범인 카드. 김천복
ㅋㅋ 받침 하나로 묘하게 무서워지는 카드네요. 강지원
지당하신 말씀 그래도 쓸 수 있는 자격을! 임미영
캬~.^^ Shaka Chaa

心부름

> 마음으로 불렀다
> 안 온다
> 돈으로 불렀다

마음으로 불렀다
안 온다
돈으로 불렀다

용아! 돈=마음? 장기호
금방 무조건 아무 때나 즉시 온다. 사진강사
부르기 전에 온다. 정인규
돈이 곧 마음. 구한별
백마 타고 달려온다, 돈으로 부르면. 이해정
달려왔겠네요! 누구지? 문경숙
난 안 갈겨. ㅎ 송문성

그리움

하도 울어
내 가슴은
장아찌가 되었다

그리움 세월 따라 그리움 익어 떨어지니
알 수 없는 서러움 일어 출렁이네. 이태연
눈물로 만든 장아찌는 짜서 못 먹어요. 정인규
장용 아찌. 김종성
바다도 달지는 않으니 얼마나 울었을까. 금보성

바람소리

스스슥
~~울려면~~ 제가 울지
애먼 낙엽을 시키네

스스슥
울려면 제가 울지
애먼 낙엽을 시키네

젊어서 오기로 참았던 눈물 낙엽만 보아도 눈물이 엉엉 터지네. 금보성
자기가 반장인가 봐? 채길병
낙엽은 웃는 소리라는데요? 전범진
추워서 발발 떠는 소리로 들었는데.... 강지원

세월

아낀다고 해도
많이 썼나 보네
거울 보니 알겠네

아낀다고 해도
많이 썼나 보네
거울 보니 알겠네

장가갈 수 없는 몽타쥬~. 그래도 한 번 갔으니 다행. 채길병
세월, 너 너무 헤픈 거 아녀? 옐로 카드! 유사랑
아름다운 나이테. 이정민

이등

남들 다 이겨서 1등
한 사람 정도양보하는
이등

오~ 그런 2등이라면 최고죠. 강현구
난 딱 중간만. 김지영
캬~. Shaka Chaa
햐~ 그럼 난 3등 할래. 채길병

마늘

*옷을 벗어야
대접받는 마늘이
갑자기 슬프다*

옷을 벗어야
대접 받는 마늘이
갑자기 슬프다

마늘은 건강을 위해 옷을 벗는다. 유사랑
주어가 누구냐에 따라 뉘앙스가 완전 다른데. 손정욱
오! 옷을 벗어야 대접받는 양파에게서 배웁니다.
옷을 벗어도 대접받는 사람들이 많았음 좋겠어요. 박상문
오늘도 사람 되라고 남의편에게 마늘요리를 해준다. 박정기
아침부터 마늘 깐 내 손에는 그녀의 체취가. ㅋㅋ 이상하

부탁

입이 안 떨어져
발로 갔다
눈빛이 수다를 떤다

최대한 측은한 눈빛으로... 김천복
한번만 도와주세요. 그 뜻인가? ㅋ 이해정
이건 A급인데요. ㅎ 정인규

책읽기

책을 읽는다
책이 나를 읽는다
덮었다 들켜서

나는 다리로 책을 읽어요. 이해정
ㅋㅋ ㅎㅎㅎ 요거요거 갈수록 맛이 좋아. 채길병

하루살이

오늘만 바쁜 거니
평생이 바쁜 거니

오늘만 바쁜 거니
평생이 바쁜 거니

평생 바쁜 거 같은데 뭘 하는 지는 잘...? 정인규
이상 기온 탓에 하루살이도 헷갈림. 이해정
오늘 같은 평생이 될 듯. 정관철
느낌이 팍팍 오는 대단한 하이쿠입니다. 성명기

내 가슴에 또아리치고 있는 말들을……

제3장

내가 만만하다고?

꼰대

> 나무들은
> 꼰대가 없다
> 나이를 속으로 먹으니

나무들은
꼰대가 없다
나이를 속으로 먹으니

대신 옹이가 있죠. ㅋ 방용석
꼰대, 곧게 보지 못하고 왜 자꾸 꼰대? 김연주
나이가 꼰대가 아니라 행동이 꼰대겠죠? 생각이 젊으면? 김춘식
나무는 나이를 속으로 먹으니 어떤 태풍에도
흔들리지 않는 무게가 위대하다. 김월용

라면

내가 만만하다고?
천만에
꼬들꼬들하기 쉽지 않다

덜익힘과 꼬들꼬들의 차이는 크죠. ㅎ 정인규
끝까지 가지 마. 푹 퍼지면 내가 손해야. 김연주
그건 아줌마 마음~. ㅋ 최경락

혼자

혼낼 사람도 없는
혼이 하나인 사람

혼낼 사람도 없는
혼이 하나인 사람

'혼' '자'네요. ㅠ 서현숙
아직은 혼이 남아 있으시군요~. 정진오
혼내지는 못해도 혼나기만 하는 우리는 혼자임! 신재설
나가서 만든 자식. ㅋㅋ 이해정
결혼 미혼 비혼 재혼 그걸 다 알 때 비로소 삶은 결국 혼자이구나를
아는 것. 혼자를 채울 수 있는 건 결국 손자이다. 김연주

엄마 주름

*눈물이 만든
골짜기인가
울 엄마 주름*

눈물이 만든
골짜기인가
울 엄마 주름

내 나이가 만든 엄마의 시간일거라 생각합니다. 김종성
나무가 조용히 서고자 하니 바람이 멎지 아니하고,
자식이 효도를 하고자 하니 어버이가 기다려 주질 않는다.
계실 때 잘하자 후회하지 말게~. 오제영
이건 한 편의 시! 감동입니다! 함종만
저희 어머닌 주름이 너무 없으셔요. ㅠ 김재국
평소엔 우리를 늘 배꼽 잡고 웃게 만들던 용 아우가
오늘은 눈물 나게 만드네. 장광현
슬픈데 멋져요. 김정일
주름 짜글짜글 어머니라도 살아계셨으면. 조정선
엄마 한번 업어드리세요. 가슴이 찡~. 윤현숙
엄마. ㅠㅠ 윤병욱

아들

엄마 모시고
중화요리집에,
같이 온
아들이 고맙다.

엄마 모시고
중화요리집에
같이 온
아들이 고맙다

짧은 글에, 심쿵! 공혜경
고맙습니다~. 곽창열
따뜻합니다. 김영훈
그려, 엄니 다니실 때 같이 다니시게.
어느 날 걸으시는걸 힘들어 하신다네. 양범석
고기 못 드시는 어머니께 소고기 짜장과 탕수육으로 고기 드시는 것을
가르쳐드렸는데 이젠 뵐 수도 없으니. ㅠ 정관철

맛있다

엄마랑 둘이
점심을 먹었다
내 마음도 맛있다

내마음도 맛나요.ㅎㅎ 강현구
아... 배고파요. 강지원
옴마랑 둘이... 넘 부럽당. 김민주
영원히 그 맛있는 밥을 먹을 수 있길. 정인규

산소

산소에 가면
산소를 마신다
엄마가 주시던

산소에 가면
산소를 마신다
엄마가 주시던

개똥참외는 안 주던? 김재성
산소에 가면 산 소가 산소의 풀을 뜯어 먹는다.^^ 유진용
울 엄마가 살아계실 때 내 생각나거든 '불효자는 웁니다'를 부르라고 하셨는데
낼 우리 형제들끼리 모여서 그 노래 부르면서 엄마 생각 할랍니다. 원덕규

꿈에

오실 땐
약속하고 오세요
갑자기 오시면
아침이 너무 슬퍼요

오실 땐
약속하고 오세요
갑자기 오시면
아침이 너무 슬퍼요

한 번도 안 오시는 어머니도 계십니다. ㅠ 이태연
그 마음 저도 잘 알지요~. 박종호
요즘은 부모님 얼굴도 생각이 안 나요. 언제든 오세요. 정기애
복권... 이동주
새끼 보러 오시는디 어찌 약속하고 오시라허요. 암때나 오시게 냅둬유. 오제영
가장 가슴이 먹먹해지는 시구가 하루 종일 뇌리를 떠나지 않았습니다! 이광용

술

물로 들어와
불로 변해서
물불 못 가리는 몸

해장하면 다시 큰불. 채길병
와우, 술의 속성을 한방에 정리한 명시입니다. ㅋㅋ 유사랑
부탄가스네요. 김종성
와! A+++급 시가 탄생했네. 박상문

소주병

술이 싫었다
가상한 노력으로
참기름병이 되었다

그래서 고소했나 봐요. 김필호
ㅋㅋ 가상의 노력. 운빨 아닌가요? ㅋㅋ 유사랑
느끼한 참기름이 싫어서 술병이 되고 싶소. ㅋ 박달화
화염병이 된 시절도 있었죠~. 김성준

엄지

보스들 보면
대개
키가 작더만

머리는 짧고 배는 나오고 인상은 더럽고. ㅋ 이해정
혹, 장boss! 은근히 자기PR. 신재설
이러니 바나나(바나나이모티콘) 안 바나나("). 이정민
몽당연필. 김명옥

윤여정

처음을 만들기까지
긴 여정을 즐기며
내 남은 여정에도
용기를 주는 여정

라임 쮝이네.^^ 최현진
참 좋은 여정에 동행 부탁드립니다. 심재복
열정과 노력을 배신하는 내일은 없다. 뜨거운 열정보다 중요한 건
지속적인 열정이다. 윤여정 파이팅! 오제영

책상

네모 난 책상의 오만
동그란 탁자의 애교도 소용없다
모서리에 부딪힌 사람이
아궁이에 넣는다

이건 인간 삶에 대한 화두인가요? ㅋㅋ 맞아요. 둥글게 살아야죠. 유사랑
네모면 어떻고 둥글면 어떠하리. 네모든 둥글든 아궁이에 들어가면
나무인 것을. 나무들끼리 주접떠는 게 재미있어 보다가
지겨우면 아궁이가 웃으며 반겨줄 거란걸... 김종식
동그란 책상의 애교, 네모난 책상의 오만, 표현이 끝내주네요. ㅎㅎ 강현구
나이 먹음 균형감각도 떨어져서 잘 부딪힌데요.
집에서 앞 막힌 실내화 꼭 신고 다니세. 박민정

눈물

너도 참 속없다
슬퍼서 울더니
기쁘다고 울고

너도 참 속없다
슬퍼서 울더니
기쁘다고 웃고

속이 너무 깊어 없는 것처럼 보이는 거죠. 정인규
난 그냥~ 하품만 했을 뿐인데~. 이승우
그러네요. 눈물이란 놈은 실없어요. 김춘식
눈물: 왜 저한테 그러세요~~. ㅜㅜ 정진오

독서

책을 읽다가…
나이가 억울하네
이제 알다니

지금이라도 알면 괜찮습니다~.^^ 정용
그래서 나는 책을 안 읽어 억울할까 봐서. ㅎㅎ 양범석
그래도 책을 많이 읽자. 정해권
억울하면 지는 겁니다. 전범진
미리 알아도 달라지지 않아요. 딱! 그 나이가 돼서야만
알 수 있는 게 인생인 것 같습니다. 문경숙

남편의 노래

노래하는 남편
노래 끊기지 않게
일 나가는 아내

노래하는 남편
노래 끊기지 않게
일 나가는 아내

눈물 나네요. 유경훈
일 나가라 노래했주? 전창걸
세상이 노래지네요. 에구, 사는 게 뭔지... 유사랑
현명한 어부인. 김숙희
베짱이 서방이네. 채길병

명태

너 연예인이야?
뭔 놈의 예명이 그리 많아?
본명이 명태는 맞아?

너 연예인이야?
뭔 놈의 예명이 그리 많아?
본명이 명태는 맞아?

숭어, 언지, 개숭어, 모찌, 동아. ㅋ 인기 좀 없는 연예어 ㅋ 곽창열
명태는 우리 형 이름이고 저는 황태입니다. 김종성
남의 이름 가지고 웬 참견? ㅎㅎ 채길병
재밌어요. 장유정
명태의 변신. 명태가 황태덕장에 끌려 나가서 인고의 세월을 지내다 보면 노르스름한 황태와 거무튀튀한 먹태로 다시 태어납니다. 내장이 처참하게 도려내어지고 소금에 절여졌던 고통은 수제 맥줏집 안주계의 최고봉인 쫀득쫀득 짝태가 됩니다. 이태연

택배기사

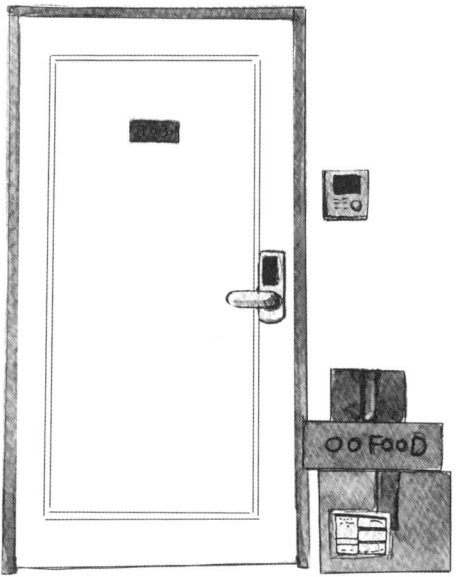

흔한 저녁은
차에 있다
그 문 앞
기쁨을 놓느라

아픈 글입니다. 문중섭
문 앞에 놓인 기쁨에 취해 그대의 허기를 외면한다. 김성신
로켓배송 사라지는 날 그들은 웃으리라~. 정용
대부분의 사람들은 평범이 곧 비범임을 잊고 사는 듯한데… 평범의 삶이 얼마나 소중하며, 그 소중함 속에서 감사함이 가득함을 알면 그 또한 진리. ㅎㅎ YS Yoon

숟가락

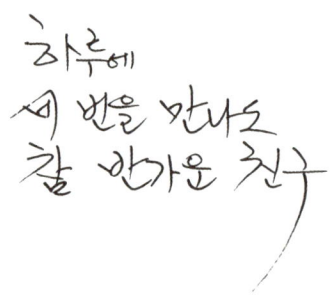

하루에
세 번을 만나도
참 반가운 친구

숟가락=나. 한창원
젓가락은 그 친구의 친구. 윤병욱
네 번도 반가워요. 박철민
나이를 먹으면 안 반가운데요? 이경희
만나면 좋은 친구. 윤혜영
서운한 젓가락. 정인규
숟가락, 손가락에 자주 들려 있으라 숟가락이라 지었나.
숟가락 젓가락아 손가락에 자주 들려 있어라. 김연주

아들 결혼식

나의 아버지는
너의 결혼식에 못 오셨지만
나는 너의 아들 결혼식에
꼭 갈 예정이다

꼭 가세요. 이한수
천 년은 사셔야죠~. 한창원
먼저 손자를 봐야 할 수 있는 일이네요.^^ 한상담
울컥합니다. ㅜㅜ 윤병욱
너무 소박하고 겸손하십니다. 기본이 증손자 결혼식입니다. 김천복

술안주

소문 몇 점에
색안경 쓰고
소주 네댓 병

ㅋ 뒷다마, 질근질근 맛난 안주죠. ㅋ 유사랑
캬~ 장용 하이쿠 시 기가막히게 좋다. 성명기
진짜 먹어야 할 술안주는 안 먹고
소문투성이만 씹고 있으니 위장에 무리가 갈 듯요~. 윤영아
한 병 더 추가요. 채길병
소문 몇 점이면 상자로다가... ㅋ 정인규

감기

몸이 말을 걸어왔다
기침으로 노크하더니
콧물을 놓고 갔다

몸이 말을 걸어왔다
기침으로 노크하더니
콧물을 놓고 갔다

감기2_ 널 만나기 전에 몰랐어 정말, 니가 또 찾아올 줄은. 이문웅
해필 콧물을 놓고 가노? 이승호
와우! 참 멋짐! 감기가 예술이 되고 시가 됨! 김성수
덕분에 휴지 냄새를 매번 맡는다. 사진강사
감기_ 살아있다는 역의 증거. 김연주

무인도

좀 웃어
파도가
간지럽히잖아

마이 간지럽겠습니다. ㅋㅋㅋ 이승호
관객이 있어야 웃죠. 임경환
때릴 때도 있어서. ㅜ 정인규
무인도 이름이 효자손 섬인가 봅니다. 김천복

유권자

자기보다 못한 사람
뽑아놓고
욕하는 재미로 산다

자기보다 못한 사람
뽑아놓고
욕하는 재미로 산다

유권자2_ 있는 건 맞니, 내 권리? 좀 줘라! 이문웅
옳은 말씀, 근디 슬프요. 제발 잘 뽑자. 김종옥
유권자로서 욕이라도 하니 그나마 저 모양입니다. 안 하면 안하무인. 김천복
형님은 사람만 이해할 수 있는 유머를 날리시네요. ㅋ 안선형
전 안 뽑았는데 뽑은 사람 욕하고 싶은 건 어쩌죠?ㅠㅠ 방지현

커피

너랑
둘만 있어도 좋다
너에게 기댈게

둘만 있어도 느낄 수 있는 향기일 겁니다. 한상담
큰일이네... 이제 커피랑 둘만 노시고.. 저랑도 놀아줘용~. 정의민
하나도 안 무서운 피, 성은 커요, 이름은 피. 이해정
더울 땐 아아에 기대십시오. ㅎㅎ 이승호
졸다가 책상에 박아 코피 나지 말라고 마시는 커피. 김연주

네 가슴에 또아리치고 있는 말들을……

슬플 때는 고흥 남으근 연애소

제4장

옆에 내가 있잖아

전진

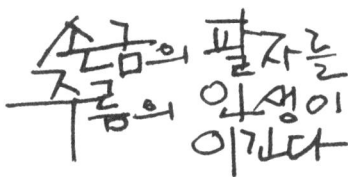

손금의 팔자를
주름의 인생이
이긴다

깊어깊어! 양희은
손금도 주름~. ㅋㅋ 정진오
주름보다 심성이 더 강합니다. 금보성

검룡소
_강원도 태백시 창죽동에 있는 분출소. 금대봉 자락 800m 고지에 있는 '민족의 젖줄'로 불리는 한강의 발원지

*제가
시작합니다
목마름 없는 세상*

제가
시작합니다
목마름 없는 세상

담 총선 출마의 변인가요? ㅋㅋ 유사랑
저 목 말라요. 노태손
응원합니다~. 뒤에는 늘 응원하는 우리가 있습니다. 정기애

시발

시발점이
잘못되면
욕 나온다

시발점이
잘못되면
욕 나온다

이런 씨발. 가끔 이런 욕도 하며 삽시다. 이해정
발에 씨붙어 있네요~.^^ 정기애
발음 주의! 정인규
시~~발. 이한수
택시 불러주오, 시발택시! 유경훈

내 생일

생생한 기억일 거야
우리 엄마는

지갑에 돈 훔친 거 울 엄마는 알겠지요? 이해정
엄마 한번 힘껏 안아 드리세요~.^^ 정기애

만우절

오늘만
빼고
다 거짓말

오늘만
빼고
다 거짓말

형! 내일은? 유경훈
늘~ 거짓 같은 행복.^^ 정기애
ㅎㅎ 알고 보면 이쁘다는 말은 다 거짓말이었군요~. 최영미

안개비

당신도
슬플 땐 그냥
맘 놓고 우세요

당신도
슬플 땐 그냥
맘 놓고 우세요

네~. 정진오
내 동굴에서 맘껏 울고 싶네요. 정기애
당신도 울고 있네요. 잊은 줄 알았었는데... 성명기
난 사나이라 안 울고 막걸리 마심. 이해정
꺼이꺼이! 김민주

과언寡言 1

눈이 입에게 말했다
"네가 나보다 바쁘면 안 돼"

귀가 입에게 말했다. 들은 거 반만큼만 이야기해라. 이해정
입이 눈과 귀에게 말했다. 네 눈으로 직접 보고, 네 귀로 직접 듣지 않은 것은 믿지 마라. 네 입이 더러워질 수 있다. 전병희
대박! 와닿네요. 항상 주둥이 조심. ㅠ 김봉찬

과언寡言2

마음이 입에게 말했다
"네가 나보다 빠르면 안 돼"

마음이 입에게 말했다
"네가 나보다 빠르면 안 돼"

사랑은 그녀가 나보다 빨라도 돼요. 박철민
요즘 지시사항을 잘 이행 안 하는 경향이... ㅋ 정인규
한 방에 훅 가는 수가 있음. 나도 그랬음. 이해정
입이 마음에게 말했다, 너도 이해할 거야, 내가 왜 먼저 말했는지. 사진강사
입이 마음에게 말하기를, 언제까지 기다릴까? 장영규

의리

의리가 두터운 것은
생사고락을 했거나
목돈을 받았거나

현실 후자. 정인규
생사고락과 목돈 울림이 있네요. 하심
증말~ 으리으리하네요. 정기애
목돈은 의리 아닙꽈 ㅎㅎ. 김갑봉
약점을 잡혔거나. ㅋㅋㅋ 이해정

남자는

> 남자는
> 아버지가 되는 순간
> 겨울이 시작된다

남자는
아버지가 되는 순간
겨울이 시작된다

나는 가을에서 멈추겠군. 양범석
나에겐 뜨거운 여름이 시작되었어요.
벌여 먹여 살리려고 밤낮없이 뛰었습니다. 이해정
봄은 오나요? 남선우
그래서 늘 가슴 한복판이 시렸구만요. ㅋㅋㅋ 유사랑
여자는 어머니가 되는 순간 살이 찌기 시작한다. ㅠ 김천복
제발 그 겨울이 3한 4온만이라도... 김종성
왤까...? 이수연

자수

스스로
수 놓은 게
틀린 걸 알았군

스스로
수 놓은 게
틀린 걸 알겠군

ㅋㅋㅋ 그런 걸 자수성가라 하지요. 유사랑
광명 찾자. 채길병
틀린 걸 틀렸다고 말하면 발끈하는 세상. 김월용

혀

> 네가 승자다
> 그렇게 씹어도
> 안 밟히는

네가 승자다
그렇게 씹어도
안 밟히는

고일영씹어도 단물 없는 껌. 고일영
간혹 피를 보기도 합니다. 정인규
가는 버무려 주는 게 특기. 유경훈

삼계절

> 정치에는 봄이 없다
> 그래서
> 내것이 없다

정치에는 봄이 없다
그래서
새것이 없다

4계절 내내 습하고 짜증만 나는 게 정치!! ㅋ 김동희
겨울만 있씀다. 잠만 자, 이것들은요. 김성래
새 것도 금세 쉰 놈으로 변하는 냄새 나는 장독대... 채길병
정치는 두 대의 계절만 존재합니다. 뜨겁게 치고받는
여름과 서로 냉랭하게 등 돌린 겨울이죠. 정인규

들통

*들통에
한참을 끓였다
뽀얀 거짓말*

들통에
한참을 끓였다
뽀얀 거짓말

소독은 좀 되지 않았을까요. ㅎㅎ 이태연
ㅎㅎ 저도 다음주에 들통날 것 같습니다. 포샵에 숨겨진 민낯을~. 최영미
조금 있으면 새까만 재만 남겠쥬? 유경훈

영면

*종점일까
환승일까
그냥 자자*

종점일까
환승일까
그냥 자자

그냥 자고 싶네요. 김윤경
종점에 한 표. 정인규
다시한번 더 읽고 생각 한번 더하게 하는 글귀네요. 최연순

책

책 잡으면 책 잡히지 않는다

책 잡으면
책 잡히지
않는다

완전 좋아요. 유영대
책 잡으면 졸려요. ㅋㅋㅋ 유사랑
오묘한 글입니다. 천성범

변명

> 너 먹태지?
> 황태라고?
> 노가리 까고 있네

너 먹태지?
황태라고?
노가리 까고 있네

노가리가 천천히 간다, 빨리 가면 꽁치로 보일까 봐. 장영규
미안, 나 북어였어... 또 속았지? 사실은 코다리야. 신상진
ㅎㅎ 웃을 일 없었는데 크게 웃었습니다. 이의현

변

해명은 한 장
변명은 한 권
사실은 한 줄

해명은 한 장
변명은 한 권
사실은 한 줄

ㅋㅋㅋ 대통령 하겠다는 어떤 사람이 떠오르네요. 나만 그런가? 유사랑
진실은 묵언. 박철민
진실은 한 점. 정인규
똥 변? 정 변? 이한수

나이2

> 그저 모아놓기만 했네
> 어디 팔지도 못하면서

그저 모아놓기만 했네
어디 팔지도 못하면서

떨이~ 재고정리를 해야죠. 정기애
팔려고 모은 사람들 별로 없죠. 정인규
나이만큼 지혜를 모아두셨으니 두루두루 나누어 주세요~. 최영미

연필

> 뾰족하더니
> 말 좀 했다고
> 둥글어졌네

뾰족하더니
말 좀 했다고
둥글어졌네

세상은 말을 많이 하면서 살아야겠군요. 정인규
연필심 혓바닥으로 침 발라야죠. ㅎ 곽창열
필담을 나누셨군요. 유사랑
연필심 매력은 아래도 박히는 쇠못처럼 칼칼해야~. 금보성

시간

어디가?
맞짱 한번 뜨자니까!
또 도망가?

어디 가?
맞짱 한번 뜨자니까!
또 도망 가?

뒤돌아 봐 바로 뒤에 또 있자녀. ㅋ 김재성
갈려면 세월 너 혼자 가거라. 채길병
평생을 쫓아가도 맞짱은 어려울 듯요. ㅎ 정인규
질 거 뻔해서리~. 정기애
비겁한 시간. 내빼기도 쏜살 같아요. 유사랑

손톱깎이

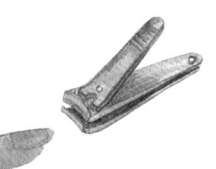

딱 거기까지
익숙하다고
선을 넘어선 안 돼

선을 넘으면 많이 아파요. 정인규
죽음이죠. Shak Chaa
피 본다요~ 딱 거기까지요~. 정기애
선 넘으면 피 나고 아파요~. ㅠ 정미영

희생양

*너무 밀어줬나
저만치 가 있고
나만 남았네*

너무 밀어줬나
저만치 가 있고
나만 남았네

밀어주니 그때뿐, 다 사기꾼. 이해정
가~끔 이런 기분 느끼는데... 윤태규
B급 시를 매일 접하니 숨통이 트입니다. 고맙습니다. 김현표
너무 밀면 때와 상처만 나오는 게 정설입니다. 김종성

외로움

별 그만 봐
옆에
내가 있잖아

별 한번 보고 옆지기 한번 보고~그래도 외로우면.... 정기애
내가 옆에 있는데 별이 보이냥? 김용수
군 장성 진급에서 비선된 대령들을 위로하는 말로 안성맞춤입니다.^^ 안선형

내일

납작해진 어제
세모 난 오늘
내일은 동그랄 거야

결국 둥굴둥굴? 정해원
어제 딱 그랬네요 몸이... 노화정
둥글게 사는 것도 그리 쉽지는 않죠, 모서리 깎기가... 많이 아파요. 정기애
모레는 찬란한 별. 이해정

보세 주다 | 가졌세 주다

내 가슴에 뚜아리치고 있는 말들을……

_이 책의 인세 전액은 세종병원에 기부돼
심장병 환우들을 위해 쓰여지게 됩니다.

나도 썼어, 너도 써 봐

발행일 2024년 11월 1일

지은이 장용
발행인 이수하
펴낸곳 마음시회

등록 2021년 4월 12일(제021-00012호)
주소 서울시 마포구 월드컵로 41-1 정일빌딩 4층
전화 02) 336-7462
팩스 0504) 370-4696
이메일 maumsihoe@naver.com

ⓒ장용 2024

값 15,000원
ISBN 979-11-989702-1-3 (03810)

잘못 만들어진 책은 바꾸어 드립니다.
이 책의 판권은 저자와 마음시회에 있습니다.
양측의 동의 없는 무단 전재와 복제를 금합니다.